La vendeuse Nue.

Théâtre.

Claude COGNARD.

Alors qu'il a rencontré de nombreuses vendeuses et qu'il lui suffirait d'invoquer l'absence de qualification pour le poste, Steve Carlton, bijoutier réputé, ne parvient pas à décoder les raisons occultes qui lui interdisent d'écarter la candidature d'Aline Deville jeune femme rustre, mal habillée et sans formation qui s'est présentée devant lui pour le poste de vendeuse qui vient de se libérer. Malgré l'intervention de son adjointe défavorable à la jeune femme, Steve laisse Aline aller au bout de ses arguments, ce qui ne tarde pas à lui attirer les foudres de la direction générale auprès de laquelle Annie, l'adjointe de Steve va se plaindre. Entre la nouvelle recrue et Steve s'installe une forme de connivence qui le méduse dans un premier temps et qui comme pour lutter contre une mort virtuelle, un jeu de miroirs figés, le pousse à devenir quelqu'un d'autre.

Les personnages :

STEVE : le patron d'une grande bijouterie. Il est sensible, il aime les femmes.

ANNIE. Son adjointe, longue expérience de la bijouterie, sa conseillère. Elle l'aime secrètement, en tout cas, il surveille les vendeuses et SAIT se montrer présente entre elles et lui.

ALINE. C'est une fille paumée, qui a travaillé comme femme de ménage dans les écoles maternelles. Elle s'est fait faire un enfant par un type de passage qu'elle est incapable de nommer. Elle a voyagé partout dans le monde, les Indes, l'Amérique du Sud où elle voulait s'installer …

CLAIRE. Femme d'une trentaine d'années, en manque de père, qui parfois rejoint Steve à l'hôtel. Bien que caissière, elle réalise le meilleur chiffre du magasin. Élue du personnel. Personnalité rebelle, mais Claire a le cœur sur la main.

Besoins :

- Bureau de Steve.

- Cafetière, tasses verres.

- Des fauteuils crapauds, des documents, téléphones, ordinateurs…

- Les uniformes des vendeuses… Loupe de bijoutier.

Scène.

STEVE. Recutrement ? Non, est-ce que ce mot possède encore un sens pour toi ?

ANNIE. Ça signifie que l'on cherche une vendeuse qui possède les compétences comparables aux compétences qu'avait Jocelyne, la vendeuse qui a démissionné. C'est simple, non ?

STEVE. J'en ai assez d'embaucher des jeunes femmes... venant de la concurrence ou des écoles supérieures de la bijouterie... innovons !

ANNIE. Choisis des hommes !

STEVE. Ce n'est pas le problème de sexe, le problème, c'est que dans le monde actuel rien ne change ! Rien !...

ANNIE. Tu imagines changer le monde en recrutant une vendeuse qui ne serait pas une bijoutière. Bon courage ! parce que je te rappelle, nous sommes des bijoutiers !

STEVE. Il n'y a plus d'évolution, chez nous comme chez les autres. Toujours les mêmes vendeuses, pour appliquer les mêmes techniques de vente, user des mêmes méthodes dans des cadres commerciaux qui sont toujours les mêmes...

ANNIE. Fais du cinéma, tu auras des cadres, des décors, des acteurs des actrices toujours différents...

STEVE. Tu ne me prends pas au sérieux !

ANNIE. Les filles que nous avons rencontrées sont

compétentes…

STEVE. Je ne prétends pas le contraire !

ANNIE. Elles sont belles, organisées…

STEVE. Ça ne fait pas tout !

ANNIE. Ils ont des nourrices, ou des Grands-mères pour garder leurs enfants…

STEVE. Pour moi, c'est un critère, mais il n'est pas suffisant…

ANNIE. Regarde, Céline, la dernière que nous ayons rencontrée, cette fille a vingt ans de BIJ. Son mari est commissaire de police… la sécurité !

STEVE. Bof !

ANNIE. Bof ?

STEVE. Le commerce devient statique, on a l'impression que l'institution « commerce » est médusée….

ANNIE. Le commerce médusé ? bientôt, il va nous invoquer Hermès ! il va nous brûler des cierges sous la statue de Zeus.

STEVE. Ce n'est même pas le problème de la bijouterie en particulier, c'est le problème de la civilisation…

ANNIE. Tu dis, « on a l'impression », tu devrais dire « J'ai l'impression » !

STEVE. Pour moi, il existe autre chose à faire…

ANNIE. (Ironisant). Si je comprends bien, il te suffirait de changer une vendeuse qui ne soit pas…. euh ! une vendeuse et le monde serait transformé.

STEVE. Ne me fais pas dire ce que je ne dis pas… (*hésitation).* Encore que souvent, en transformant légèrement ce qui nous entoure, nous transformons notre monde de manière surprenante.

ANNIE. Je peux m'occuper de l'embauche… repose-toi !

STEVE. Je ne suis pas fatigué, au contraire, il y a … Comment dire ? Si tu pouvais partager cette énergie que je sens en moi.

ANNIE. Je ne demande que ça !

STEVE. J'ai envie de recommencer à zéro… si je pouvais renaître… tout refaire, tout changer, tout…

ANNIE. Si ! Si ! Si ! avec des si… Tu es perturbé par les mauvais résultats du mois ?

STEVE. Mon sentiment, c'est que, lorsque nous avons débuté ici, il y a vingt ans, tout était à faire, aujourd'hui tout est fait. J'ai de l'énergie et je veux que toi, l'équipe, l'entreprise en bénéficient…

ANNIE. Et tu imagines que tu vas révolutionner la boutique, l'entreprise… en choisissant une vendeuse dont le profil ne sera pas le profil de la vendeuse classique que nous recherchons habituellement ?

STEVE. Je ne dis pas ça !

ANNIE. Tu ne le dis pas, mais c'est ce que j'entends ! sois réaliste… au point où tu en es, vas-y !

STEVE. J'en ai bien l'intention…

ANNIE. Et surtout, aux bénéficiaires potentiels de ton incommensurable énergie, ajoute tous les Français, et pourquoi pas tous les Européens…

STEVE. Garde ton ironie !

ANNIE. Et toi, garde tes rêves ! le commerce est un univers sérieux. Reste sérieux ! Quelle que soit la femme que tu embaucheras, elle ne sera qu'une vendeuse parmi les autres et je ne comprends pas, comment elle seule pourrait tout révolutionner ici.

STEVE. Prenons un café ! *(il sort des tasses).*

Scène.

(L'équipe est partie … Annie sacoche dans une main, parapluie dans l'autre, s'apprête à quitter la bijouterie. Les lumières ont été réduites.)

STEVE. Il pleut ! mince !

ANNIE. Ce soir tu m'inquiètes.

STEVE. *(Il grimace agacé).* Tu es une adjointe précieuse, inutile de jouer le rôle de ma mère.

ANNIE. Ok, je ne dis plus rien… pour la sécurité, tu as fait le nécessaire ?

STEVE. Oui, Maman !

(Quelqu'un frappe à l'arrière de la boutique).

ANNIE. Je te parie que c'est Claire qui a oublié quelque chose.

4

STEVE. (*Il montre sa télécommande-police*). Va lui ouvrir l'accès blindé, je te surveille.

(Annie s'éloigne.)

ANNIE. (*De loin, on ne la voit pas*). Désolée Mademoiselle, à cette heure-ci, nous n'avons pas...

ALINE. (*Toujours de loin*). Grève des trains !

ANNIE. (*Toujours de loin*). J'appelle la police ! Steve appelle la police...

ALINE. (*Elle surgit, avec un fichu en plastique sur les cheveux, manteau mouillé*). Je n'ai pas pu être présente ici à 17 heures comme prévu dans votre courrier...

STEVE. Bonjour !

ANNIE. (*Qui la suit et la prend par les épaules*). Désolée, vous allez reprendre le chemin par lequel vous êtes entrée. Je vous signale qu'en vous présentant après la fermeture à un poste dans une bijouterie, vous montrez que vous ne connaissez rien aux procédures de sécurité.

STEVE. Laisse !

ANNIE. Quoi, laisse ? Tu as vu le look de cette fille, tu n'as pas l'intention...

ALINE. La fille et son look vous disent poliment Merde, madame !

STEVE. Doux !

ANNIE. Bon ! (*en colère*). Steve, je m'en vais ! j'ai compris...

STEVE. Qu'est-ce que tu as compris ?

ANNIE. Ne me prends pas pour une idiote... au lieu de Pôle Emploi, la prochaine fois, on déposera une annonce chez le boucher place Clichy. *(Elle disparaît par le fond).*

STEVE. *(Mimiques).* C'est ça !

ALINE. *(Agressive, à l'attention d'Annie).* Pour proposer vos services, Morue !

STEVE. *(À Aline).* Ah non ! Vous ne la connaissez pas, elle est adorable.

ALINE. Oui, mais...

STEVE. Il n'y a pas de « oui, mais » ! Vous êtes sûre de vouloir le poste ?

ALINE. Pardon ! Merci de me recevoir, vous savez ma fille était malade, ma voiture...

STEVE. Asseyez-vous !

(Il lui montre un des fauteuils clients, prend un carnet et un stylo et se place dans un autre fauteuil face à elle).

STEVE. Vous ne vous déshabillez pas ?

ANNIE. *(À la fois provocatrice et niaise).* Moi ? me déshabiller, ici, complètement ?

STEVE. *(Il sourit).* Humour ? ... Vous m'avez compris.

(Elle se lève, retire son pardessus et la coiffe imperméable qui lui enveloppe les cheveux. Elle s'assoit, se penche pour tirer un pli formé par son collant au niveau du mollet et son chemisier s'ouvre intégralement sur sa poitrine

retenue par un soutien-gorge à mailles et en dentelles).

STEVE. *(Il se met à rire franchement).* On ne me l'avait jamais faite celle-là !

ANNIE. Je suis embarrassée, vous allez croire que je suis une …

STEVE. Pour l'instant, je ne crois rien…*(en parcourant le dossier de candidature),* j'ai juste envie de vous entendre et de savoir ce qui vous motive pour le poste de vendeuse.

ANNIE. J'ai toujours voulu vendre des cailloux…

STEVE. Alors, vous vous êtes trompée dans votre recherche, car les bijoutiers ne vendent pas ce que vous baptisez « cailloux ». *(Il se lève).* Il existe des carrières sûrement intéressées par votre candidature.

(Téléphone).

STEVE. Excusez-moi ! *(En sortant son téléphone portable).* Oui ? Bonjour, Monsieur le Président ! Ou plutôt, François, comment allez-vous ? Je suis heureux de noter l'intérêt que vous portez à cette embauche. Annie vous a déjà téléphoné ? Elle s'agite très vite, très fort et tout part, elle éclabousse tout le monde. Elle était énervée … Je note qu'en vingt ans, c'est la première fois que vous…*(il écoute).* oui, François ! Mon objectif est de ne négliger aucune possibilité pour doper notre activité, y compris en matière de recrutement. François, les chiffres se maintiennent malgré une moyenne panier plus faible… donc plus de ventes et plus de fréquentation… Oui, mais plus de fréquentation, cela… Pardon ? J'ai intérêt à ce que ma prétendue méthode marche ? que je … *(il écoute),* mais si… *(il écoute),* des menaces ? *(il écoute).* Soit ! *(il regarde le combiné).* Il a raccroché…

(Il raccroche à son tour et observe le visage d'Aline).

ALINE. François Hollande vous téléphone ?

STEVE. J'aurais préféré que ce soit lui. En tout cas, le message est clair, au moindre signe de faiblesse, je sais ce qui m'attend.

ALINE. Embauchez-moi ! je me battrai pour vous, je ne lâcherai aucun client tant qu'il n'aura pas acheté… s'il achète une alliance, je lui vendrai des boucles d'oreilles, un collier… tout !

STEVE. Pas sûr que la clientèle apprécie ce genre de vente.

ALINE. J'apprendrais.

STEVE. Si j'ai bien compris, vous êtes sans emploi. Enfin, je veux dire…vraiment…*(embarrassé).* Parfois les… bon, ce n'est pas votre cas !

ALINE. Oui ! sans emploi et ce n'est pas la joie…

STEVE. *(En consultant le Cv d'Aline).* Avant votre poste dans les écoles, comme femme de … ménage, vous aviez travaillé comme vendeuse dans une boucherie… Boucherie, Bijouterie…

ALINE. Pour Popaul, qui vend un bœuf, vend un œuf !

STEVE. Qui vole…

ALINE. Comment ?

STEVE. Qui vole, un œuf vole un bœuf …

ALINE.   Oui, toutefois, pourquoi toujours reprendre les mêmes litanies !

STEVE.   Voilà ! écoutez… Nous nous sommes tout dit ! À ma place, vous m'expliqueriez qu'il est inutile d'aller plus loin … (*mal à l'aise*)…

ALINE.   Tout à fait ! pourquoi aller plus loin, pour faire ce que l'on peut faire à l'endroit à l'on se trouve.

STEVE.   Je voulais dire que votre candidature ne me semble pas correspondre à ce que nous cherchons ! pour être direct, je ne peux pas vous embaucher !

ALINE.   Pour pouvoir, il faut vouloir …

STEVE.   (*Il se saisit la tête entre les mains*). Eh bien, je ne peux, ni ne veux…

ALINE.   Vous avez déjà lu Cendrillon ?

STEVE.   (*De plus en plus inquiet*). Quel rapport ? Vous vous prenez pour Cendrillon ?

ALINE.   L'avez-vous lu ?

STEVE.   Il m'arrive de lire ce conte à mes enfants. Là n'est pas notre propos !

ALINE.   Les contes possèdent une force qui va au-delà des mots, leur symbolisme nourrit l'inconscient de l'enfant.

STEVE.   (*Il est surpris*). Quel rapport ? En dehors des diamants, des rubis, des saphirs, les symbolismes moi… bof !

ALINE.   Regardez mon genou, il a été opéré. (*Elle lève le genou pour le rapprocher des yeux de Steve).* Regardez le genou pas ce qu'il y a sous ma robe. *(Elle rit).*

STEVE. *(Gêné).* Je… je…

ALINE. Oh ! à croire que vous n'avez jamais regardé Basic instinct.

STEVE. Vous allez bien ?

ALINE. Oui, et vous ?

STEVE. Désolé, *(il se lève)* la sécurité va nous demander de quitter la bijouterie…

ALINE. Bien ! *(elle se lève, remet sa coiffe imperméable).* Merci de m'avoir reçue… et surtout n'oubliez pas que minuit est l'heure des Princes et des princesses…

STEVE. Oui, c'est ça !

ALINE. L'autre est ce qu'il est, c'est en nous qu'il se transforme …

STEVE. Je vous laisse appuyer sur le système antipanique.

(Aline sort).

STEVE. Étrange, cette fille ! Elle vient de quitter l'asile ou quoi ?

Scène.

(lendemain soir à la fermeture -Steve est assis derrière son bureau).

CLAIRE. *(Qui entre).* Quelle journée fatigante !

STEVE. Vous avez arrêté toutes les caisses ? *(à voix basse).* où sont tes collègues ?

CLAIRE. Toujours dans les vestiaires...

STEVE. Les vestiaires... *(il se souvient).* Oum ! souvenirs, souvenirs !

CLAIRE. Gouloum ! Gouloum ! *(Claire rit et lui touche la main.)*

ANNIE. *(Qui surgit).* Claire, vous pensez camper ici toute la nuit ?

CLAIRE. *(Elle sursaute).* Vous m'avez fait peur ! *(Elle ricane en attrapant son sac).* Non, non ! J'attendais juste que quelqu'un m'ouvre la porte.

ANNIE. *(Qui semble n'avoir rien entendu).* Vos collègues vous attendent, deuxième porte ! J'arrive...

(Claire sort).

STEVE. *(À Annie déjà sortie).* Annie, on fait le point, cinq minutes ?

ANNIE. Je reviens.

Steve change de place et s'installe dans un des crapauds alors qu'Annie s'éloigne.

STEVE. *(Fort pour qu'elle entende).* J'ai envie de revoir Aline.

ANNIE. *(En revenant s'installer devant lui).* De la revoir ou de la reconvoquer ?

Claude Cognard.

STEVE. *(Mimique).* Vous êtes trop subtile !

ANNIE.   Et vous, vous êtes fou ! *(elle dépose son trousseau de clés sur le bureau).* Restons avec l'équipe actuelle ! on peut fonctionner avec une vendeuse en moins... Je travaillerai, plus d'heures... attendons que la bonne candidate se présente.

STEVE.   La bonne candidate ? Ça n'a pas de sens ! **la bonne candidate** ? quand vous avez été embauchée, personne ne savait si vous alliez être la **bonne candidate**.

ANNIE.   Le problème, ce n'est pas moi. En fait, qu'espérez-vous ? la sauter ? lui faire un enfant ?

STEVE. *(Il ne sait pas quoi répondre).* Non ! ... *(silence).* Non, cette fille possède « autre chose » ... un grain de folie qui ...

ANNIE.   Vous me critiquez lorsque je parle de la « bonne candidate », mais puisque nous jouons sur les mots, vous et moi...

STEVE. *(Il la coupe, très sec).* Je joue sur les mots en parlant de cette candidate ?

ANNIE.   Oui, parce que vous, vous allez embaucher une vendeuse qui a « autre chose »... *(en écho).* « qui a quelque chose ». Vous avez bu ? Oubliez cette fille ! En embauchant une vendeuse qui n'a aucune expérience de la bijouterie, je dis bien aucune, vous allez au-devant des pires ennuis.

STEVE.   Si **vous** vous précipitez pour téléphoner au Président dès que je tourne le dos, pour lui expliquer que je prépare le contrat d'une louloutte, effectivement mon avenir risque d'être vite compromis.

12

ANNIE. Je n'ai jamais dit ça !... vous le savez, nous voulons une bijoutière, et vous avez reçu une jeune femme, mal habillée dont l'expérience en dehors des voyages qu'elle a faits à travers le monde, se limite au ménage dans une école maternelle. Franchement ! je ne vous reconnais pas.

STEVE. Écoutez, je ne sais plus... ou tout au moins, une chose est certaine, aujourd'hui, plus personne n'écoute ses intuitions.

ANNIE. Steve, là nous sommes dans une entreprise de bijouterie, n'est-ce pas ?

Steve grimace.

ANNIE. Vous faites partie des cadres les plus expérimentés, les plus pragmatiques, n'est-ce pas ?

Steve grimace.

ANNIE. Et vous, sans la moindre enquête sur la nouvelle recrue, vous vous apprêtez à choisir une de vos collaboratrices sur l'intuition. Alors que ce soit clair, vous m'agacez, je m'en vais !

Elle claque la porte.

STEVE. (*Se retourne et pose le front sur le bureau - Il prend son téléphone et compose un numéro*). Allô ! Oui, Steve Carlton... 78893. Je reste dans la boutique quelques minutes encore ... contrôle visuel permanent. Entendu !

(Il se lève, marche de long et large...).

STEVE. Aline ! Putain Aline qu'est-ce que tu m'as fait ? *(il chante). ...* Et j'ai crié, crié, Aline, pour qu'elle revienne - Et j'ai pleuré, pleuré, oh! j'avais trop de peine...[1]

(Il reprend son smartphone – observe le cadran, appuie sur une des touches virtuelles).

STEVE. David ? C'est Steve ! ça va ?... *(il écoute, puis il rit).* les nouvelles vont vite. Tout le monde affirme que je vais me ramasser ? *(il pouffe).* Alors lance les paris. *(Il contient son rire).* Je n'ai rien décidé concernant cette embauche. Non ! la fille en question ? je l'ai à peine vue. Non, mais attends, cela ne t'est jamais arrivé de choisir le contraire de ce que tu aurais logiquement choisi. *(Rassuré).* Alors, tu me comprends... *(il écoute).* J'ignore ce qui se passe en moi, mais ... *(il écoute).* comment pourrais je l'expliquer ? ...*(il réfléchit)* et c'est peut-être parce qu'il y a de la réticence de la part de certains de mes collaborateurs que je me pose la question de l'embauche. *(Il écoute).* Sûr que je n'aurais même pas conservé le dossier !...comment ? Son look ? Elle ne sait pas s'habiller de façon élégante... *(écoute).* Pourquoi aurais-je envie que ce soit elle qui ait le poste ? Belle, même pas ! mais qui pour moi, pourrait l'être. Intelligente ? Pour l'instant, je ne l'ai pas perçue comme la réplique intellectuelle de Marie Curie ! Cultivée, oui, elle cite des œuvres majeures... Cendrillon... *(il rit franchement).* Sérieux ! justement, c'est ça qui me plaît ! Elle a tout ce qui fait qu'un employeur, un patron comme moi doit lui dire d'aller se faire voir ailleurs ! tu me suggères de l'embaucher ? Déconne ! tu es bien le seul ! les autres ont tous des conseils à me donner, comme si je n'étais pas assez mûr

---

[1] "Aline" écrit par Bevilacqua, Daniel Georges Jacq / Gordon, / Gerard..

pour me tromper seul...

Scène.

Annie et Steve dans le bureau. Annie déplace des plateaux de bijoux.

ANNIE. Regarde ce solitaire, or gris ! quelle pièce magnifique... C'est la première fois que l'on en reçoit une ici. (*En insistant sur chaque mot*). un carat soixante... internally flawless... Wahoo, le prix... le prix... le prix...

STEVE. (*Il prend la pièce par le corps*). Il a fallu du travail pour la rendre aussi belle. Une erreur dans la taille et cette pièce magnifique aurait perdu toute valeur.

ANNIE. Pourquoi me dis-tu ça ? Mal dormi ? ou alors tu me prends pour une de tes débutantes ?

STEVE. J'ai bien dormi, je ne te considère pas comme une débutante.

ANNIE. Je devine à quoi tu veux en venir !

STEVE. À quoi ?

ANNIE. Une chose du style : nos collaboratrices sont comme les pierres précieuses, à nous de les façonner pour qu'elles soient les plus ...compétentes possible...

STEVE. (*Rebelle*). Moi, je pourrais prononcer une phrase comme celle-ci ?

ANNIE. Oui, tu le pourrais !

STEVE. Ravi de l'apprendre. Et selon toi puisque tu sais ce qui se passe dans ma cervelle de patron qu'est-ce que je serais tenté d'ajouter à cette ... cette élucubration ?

ANNIE. (*Elle prend son plateau*). tu le sais très bien… comme c'est toi qui auras toujours le dernier mot, je regagne la surface de vente. (*Elle sort alors que Claire entre*).

CLAIRE. Ça va monsieur ?

STEVE. Oui ? ça va… fermez la porte…

(*Elle ferme la porte et se jette sur lui pour l'embrasser sur les lèvres*).

CLAIRE. (*Elle se recule pour mieux le voir*). Alors, tu l'embauches, la pétasse ?

STEVE. Peut-être ! une petite voix me préconise de lui préparer un contrat et d'un autre côté quelque chose m'avertit que je vais créer des problèmes à l'équipe …

CLAIRE. Tu ne coucheras pas avec elle ?

STEVE. Mais non !

(*Ils s'embrassent*).

CLAIRE. Où est le problème alors ?

STEVE. Le problème, c'est que …(*pause*). enfin … c'est … je n'ai pas envie de parler de ça avec toi.

CLAIRE. Je suis une simple caissière … (*en se tapant sur la fesse*)… qui ne t'intéresse que pour sa caisse ?

STEVE. Non, j'aimerais éviter un conflit avec mon adjointe… et en même temps avec la direction générale.

CLAIRE. Annie est contre cette embauche parce qu'elle a le béguin pour toi.

STEVE. Heureusement qu'elle ignore que tu es ma maîtresse.

CLAIRE. Elle le sait, et elle me le fait payer cher, chaque fois qu'elle le peut...

STEVE. Sûr que ce ne serait pas malin de ma part de recruter une fille incompétente... qui forcément deviendrait un boulet pour tout le monde. *(En insistant).* Mais... ! *(pause).* J'ai envie !

CLAIRE. Période d'essai, c'est pour les chiens ?

STEVE. Quand on recrute, on recrute, on aime bien ne pas se tromper.

CLAIRE. Quand un pilote de l'armée monte dans son avion, il emporte son parachute, lui aussi préfère ne pas s'en servir, mais si l'avion ...

STEVE. Va reprendre ta caisse... (*il lui montre son moniteur*). Il y a des clients qui attendent. *(Il décroche le téléphone alors que Claire quitte le bureau. Il s'apprête à composer un numéro, suspend la numérotation, raccroche, se lève, se rassoit, décroche à nouveau, se tape le front avec le combiné et recommence à composer son numéro de téléphone).*

STEVE. Allô ! Ici Steve Carlton. Bonjour madame. Je désirerais parler... c'est ça... Absente ... Elle cherche du... pouvez-vous lui dire que je l'attends demain matin à l'ouverture ... si elle est toujours... c'est ça ! Oui, sa carte de sécurité sociale et un relevé d'identité bancaire pour la DRH. Merci !

(Il raccroche, et se pose le front contre le plateau de son bureau qu'il frappe avec les poings – il demeure ainsi

---

quelques instants).

STEVE. Je l'ai fait ! Je l'ai fait ! Une porte s'est ouverte au fond de mon âme et le vent et le soleil y sont entrés. J'ai envie de...

Scène.

(Annie, Aline, Claire, sont réunis dans le bureau de Steve. Aline est en face des autres le plus loin possible. Aline est habillée sobrement).

CLAIRE. *(À Aline).* C'est toi la nouvelle ?...

ALINE. ...

STEVE. Donc, je vous ai demandé de venir pour vous présenter Aline...

ANNIE. Qui n'est pas bijoutière...

CLAIRE. Il faudra qu'elle reste au rayon fantaisie... parce que...

STEVE. *(Qui la coupe).* C'est Annie qui s'occupera de ce genre de détail.

ANNIE. Claire a raison de s'en inquiéter... et pour moi, ce n'est pas un détail.

CLAIRE. En tant que représentante élue par mes collègues, j'aimerais que cette observation figure dans le cahier d'observation du personnel.

STEVE. Annie, tu vois avec Claire... Aline, vous restez ici... *(il marque son moniteur avec le doigt)*. Claire, vous avez des clients qui s'impatientent devant la porte principale.

CLAIRE. J'y vais ! *(elle ricane en sortant)*.

STEVE. *(À Annie qui s'apprête à sortir)*. Annie, il faut trouver un uniforme pour Aline.

ANNIE. J'ai ce qu'il faut.

STEVE. Reste Annie !

ANNIE. *(Ironique)*. Tu vas très bien t'en sortir ! Je te fais confiance**, Monsieurb!**

(Annie sort et Steve se retrouve seul devant Aline).

ALINE. Vous devez être déçu, n'est-ce pas ?

STEVE. Déçu ?

ALINE. Que Cendrillon ne se soit pas transformée en Princesse !

STEVE. Peut-être aurait-il fallu que vous croisiez un Prince pour que la magie opère. Pour l'instant, vous n'avez croisé qu'un directeur de bijouterie, marié, père ...

ALINE. Chacun son monde ! Vous ignorez ce qui vit derrière mon regard.

STEVE. Si nos yeux suffisaient pour transformer le monde, la réalité serait bien différente.

ALINE. À voir !

STEVE. Si je vous ai demandé de rester, c'est pour vous

souhaiter la bienvenue, mais aussi pour vous mettre en garde. Soyez prudente, notamment en matière de sécurité et si par malheur vous étiez confrontée à des malfaiteurs armés, ne leur opposez aucune résistance et donnez leur tous les bijoux, et l'argent qu'ils demandent …

ALINE. Compris ! Merci, Monsieur, d'avoir accepté le risque de me recruter alors que je ne connais rien à la bijouterie… Je suis une bonne élève…

STEVE. (Satisfait)). Je me demande si l'humanité ne vit pas dans l'illusion de théories qui trop vite apprises, la persuade de détenir un pouvoir sur celle ou celui qui sait encore réfléchir et que, pourtant nous taxons d'ignorance.

ALINE. My god ! Vous seriez capable de redire cette phrase ?

STEVE. (Sourire)). Pas sûr !

ALINE. Je ne connais rien en bijouterie, c'est un fait ! mais, pour moi, ce que vous savez de la bijouterie ne se limite pas à des théories trop vite apprises.

STEVE. Peut-être suffirait-il de comprendre la nature humaine pour devenir excellent en beaucoup de domaines. Plus que le bijou, le client apprécie que l'on décrypte ses motivations, et que la pierre que vous lui vendez soit un corindon, un béryl ou du carbone pur…il s'en moque. Il exige avant tout de l'humanité.

ALINE. Si vous le dites !

STEVE. Lorsque je regarde les informations à la télé, ce que j'entends de la bouche de spécialistes, pourrait avoir été dit par ma grand-mère, avec pour seul bagage, sa bonne logique et son expérience paysanne.

ALINE. Ce n'est si simple, sinon beaucoup d'entre nous, seraient des experts en tout !

STEVE. Vous avez sûrement raison !

ALINE. Je ne faisais pas le concours de celui qui aurait raison ou tort !

STEVE. C'est la première fois qu'une embauche sème un tel vent d'inquiétude dans mon équipe. Quel mauvais directeur vous avez devant vous, incapable de suivre les conseils de son adjointe.

ALINE. Adjointe, qui elle, souhaitait m'écarter !

STEVE. Je l'admets !

ALINE. Peut-être aurait-elle été meilleure adjointe si elle avait accepté de faire confiance à votre intuition ?

STEVE. Peut-être !

ALINE. Quelque chose a-t-il changé en vous pour que vous en veniez à me choisir ?

STEVE. En moi ?

ALINE. Quelque chose que votre entourage peut contester plus confortablement que vous ne le pouvez vous même ?

STEVE. Je ne vous suis pas.

ALINE. Quels désirs écartons-nous de notre vigilance, quels désirs nous interdisons-nous ? les échos de l'éducation, les voix de la société se rangent-ils derrière nos peurs, pour nous interpeller sans pourtant éveiller nos attentions ?

STEVE. Je ... (*il ne la suit pas*). Je ne comprends que ma lâcheté ... de vous savoir ici, peur de ce qui risque de vous, nous, me survenir... Je vous lâche dans l'arène sans armure et sans arme ! c'est mon inconscience qui fait peur...et devrait vous faire peur !

ALINE. Mettons un terme à cette embauche ! Arrêtons là !

STEVE. Ce regard que me renvoient les autres, ces décisions qu'ils contestent tous, je me dois de les combattre pour devenir enfin moi. (*Il s'abonne à un rire idiot*). Je deviens cinglé, je suis cinglé !

ALINE. Faites de moi, votre thérapeute illusoire, si vous le voulez !

STEVE. Pardon ! allez rejoindre vos nouvelles collègues...

ALINE. Vous n'auriez pas dû prévoir un uniforme pour moi, je ne suis pas une experte, il aurait été bon que le client perçoive la différence entre moi et mes collègues.

STEVE. Vous n'imaginez pas le pouvoir des uniformes sur le client, ... le porter vous donne déjà de la compétence !

ALINE. (*Qui enchaîne*). ... le monde est illusion ! chaque individu a besoin d'un masque pour lui-même, mais il a besoin que celui qui lui fait face en porte un, également.

STEVE. L'apparence est aussi primordiale dans la vente que dans la vie ...

ALINE. Vous avez démontré en me recrutant que les apparences ne vous arrêtaient pas.

STEVE. Que voulez-vous dire ?

ALINE. Que vous avez su faire taire vos a priori pour me donner ma chance.

STEVE. Vous croyez ? J'aurais tellement aimé y parvenir !

ALINE. J'en suis certaine. On a dû souvent vous juger arbitrairement sur vos vernis supposés plutôt que sur vos qualités avérées.

STEVE. Peut-être... pourquoi dites-vous ça ? qu'est-ce qui vous permet de dire ça ?

ALINE. Parce que si vous m'avez choisie, c'est parce que vous avez vu à travers moi et que vous savez que je vois à travers vous.

STEVE. *(Il soupire).* Oui ! *(il rit).* bon, je propose que vous alliez rejoindre Annie... sinon, ça va jaser très vite dans la basse-cour. Vous travaillerez en binôme avec Claire.

ALINE. *(En s'approchant de lui).* Merci ! *(il lui pose un baiser rapide sur la joue et sort. Steve pose la main à l'endroit du baiser et reste ainsi).*

Scène.
(Seul).

STEVE. *(Il ouvre un classeur, le referme aussitôt, le téléphone sonne, il ne répond pas, il se bascule sur sa chaise, se pose les mains sur les yeux).* Qui est-elle ? Merde ! qu'est-ce qu'elle me raconte... pour qui se prend-elle ? Mince ! qu'est-ce qu'elle espère de moi ? l'amour ? je ne peux pas l'aimer ! la baiser et encore ? Elle joue les psys, elle est psy et elle ne l'a pas dit... *(il ouvre son tiroir en sort un dossier, l'ouvre, le lit).* Niveau Bepc. Habituellement, je recrute à bac plus 2. *(il ferme violemment le dossier, et le replace dans le tiroir qu'il ferme tout aussi violemment).* Elle m'a jeté un sort. Ça y est, voilà que je crois aux sorts ? pourquoi pas à... Je ne vais pas la laisser faire ! Elle essaie de me manipuler... Elle me manipule... Annie a raison, cette fille est fagotée comme une poule... une pute, oui ! même pas belle ! toute l'équipe est inquiète, la direction générale m'a mis en garde... je prends des risques ! pourquoi, je prends des risques inutiles pour une pétasse dont je ne sais rien, sinon qu'elle a une fillette, qu'elle a travaillé dans une boucherie pendant quelques mois puis comme femme de ménage... je n'ai pas demandé l'enquête habituelle... je suis fou !

(Il s'assoit prend le téléphone).

STEVE. Annie ! Viens s'il te plaît... *(il raccroche, se lève et donne un coup de pied dans sa chaise – Annie entre).*

ANNIE. Du calme ! *(elle passe derrière le bureau).* Un café ?

STEVE. Je suis assez énervé, comme ça !

ANNIE. Sûr ? je m'en fais un... alors !

STEVE. Qu'est-ce qu'elle a cette fille ?

ANNIE. Quelle fille ?

STEVE. Tu le sais très bien.

ANNIE. Indéniablement, elle a des qualités...

La vendeuse nue.

STEVE. Oui, mais encore…

ANNIE. C'est à toi, qu'il faut poser la question.

STEVE. Merci, mais je n'arrête pas de m'en poser.

ANNIE. Mais c'est qui ? En fait, tu la connaissais avant ? C'est une copine, une voisine, une parente ?

STEVE. Non, c'est « elle » ! juste « elle et pas une autre » !

ANNIE. Pour l'instant, rien à dire, elle travaille avec Claire…en uniforme, elle ressemble aux autres. Il semble qu'elle ait un bon contact client, mais c'est un peu tôt pour le dire.

STEVE. Bon !

ANNIE. Par contre, les autres vendeuses se méfient d'elle. Aline n'est pas à sa place… Elle s'exprime bien, elle est accueillante, malgré ça, pour moi, tu devrais préparer des explications pour François, parce qu'il n'aime pas les recrutements bâclés … enfin, à toi de voir, mais tu peux encore corriger le tir ! vire-la avant qu'elle te vende un solitaire diamant pour un oxyde de zirconium.

STEVE. Toi et ses collègues, vous êtes là, pour la former.

ANNIE. On pourrait l'envoyer au siège pour un stage ?

STEVE. Il n'y a aucun stage en cours ! nous avons besoin d'elle… tu la prends sous ton aile.

ANNIE. Soit, c'est une poule, mais pas question de la mettre sous mon aile.

(On frappe).

ANNIE. Oui, entrez !

CLAIRE. Je...

STEVE. Prenez un café !

Annie se retourne et la sert sans attendre de réponse.

STEVE. Que puis-je pour vous ?

CLAIRE. (*En prenant la tasse*). Ouh ! c'est chaud ! En discutant, avec...

ANNIE. Oui, eh bien ?

CLAIRE. Je ne comprends pas... (*elle aspire son café trop chaud*).

STEVE. Oui ? C'est si difficile à dire ? que ne comprenez-vous ?

CLAIRE. Que cette fille... Aline, ait un salaire équivalent à Huguette qui avait dix ans d'expérience à son départ.

ANNIE. Les conditions de salaires sont du domaine de la direction... ce n'est pas à vous de vous en occupez.

CLAIRE. Annie, croyez ça !

STEVE. Annie ! Claire n'a pas tort, mais rien n'est arrêté, Aline aura le salaire d'Huguette dans quelques mois après une période d'essai...

CLAIRE. Faites comme vous le voulez ! je voulais que ce soit dit et j'aimerais que ce soit porté dans les observations de notre cahier ... (*elle essaie de boire son café plus vite, se brûle, pose la tasse*). Vous voulez que j'emmène les tasses pour les laver ?

STEVE. Laissez faire, je m'en occuperai, merci !

Scène.

Steve entre avec un plateau, il passe derrière son bureau et observe les pierres une à une avec un loupe.

STEVE. Aline !

ALINE. (*En entrant*). Il y a un type bizarre devant la bijouterie.

Steve fait tourner le moniteur et l'observe avec attention.

STEVE. Par sécurité…, j'appelle la police. (*Il prend le téléphone et compose le numéro de la police*). Bijouterie Yves…Bonjour ! Pardon de… oui, j'ai un doute sur un individu en vitrine, si vous avez une patrouille dans le secteur… je m'inquiète sûrement pour rien ! Merci. (*Il raccroche*).

ALINE. Les policiers vont se déplacer ?

STEVE. Toujours ! (*il reste concentré sur ses pierres*). Je voulais vous montrer et vous expliquer les grandes familles de Pierres… Précieuses, fines… et vous précisez leur indice de dureté, sachant que … *(téléphone).* Excusez-moi !   Allo ? oui chérie ! Tu plaisantes ? J'arrive de suite ! où es-tu ? … à Brighton ? tu n'es pas sérieuse ? Comme ça ?... du jour au lendemain. Avec Terry ? Le nouveau voisin… celui qui s'était installé dans la … il voulait passer sa vie en France ! Il a changé d'avis ? où sont les enfants ? avec toi ! Mais ils sont trop petits, ils ne parlent pas anglais ! le divorce ? Comme ça ? comment ça, tu le demandes ! je te l'interdis ! tu... (*Un coup de feu. Steve lâche le téléphone se lève, bouscule le bureau. Deuxième coup de feu... troisième aussitôt*).

STEVE. Vous ! Restez ici !

(*Il percute Annie qui entre*).

ANNIE. Claire vient de descendre un cambrioleur...

STEVE. Merde ! la conne !

Ils disparaissent, Aline sort très vite.

Scène.

STEVE. Écoutez ! oui, le dépôt de plainte, je le transmets directement à l'assurance. Quel rapport avec Aline ? soit dit en passant, elle a un nom. Aline Dafaro. Vous allez un peu vite en besogne. Non, je n'ai pas demandé d'enquête sur elle... c'est la procédure, eh bien je n'ai pas suivi la procédure. Comment ? Non, pas d'accord ... Je ne la licencierai pas... ! période d'essai, mais ce n'est pas une raison... Ses complices ? *(pour se débarrasser de son patron)*. Pardonnez-moi, François, mais j'ai un policier dans mon bureau, qui veut... Le con, il a raccroché !

ANNIE. *(Qui entre avec des journaux)*. Ils s'en donnent à cœur joie... (*elle étale les journaux devant Steve – elle lit les titres à haute voix*). La vie d'un homme moins importante que des Pierres...

STEVE. *(Qui s'est levé, lit aussi)*. Des complices parmi les vendeuses ? point d'interrogation.

ANNIE. Je retourne …

STEVE. Dans le magasin…

ANNIE. Il ne désemplit pas … que des curieux !

STEVE. Pourquoi Claire, a-t-elle tiré ? on ne cesse de le répéter de ne pas résister, de coopérer avec les braqueurs !

ANNIE. Oui, mais tu le sais aussi bien que moi, dans ce type de situation, on réagit ! ça t'est arrivé, à toi, comme à moi. Souviens-toi, le braquage à la banque… Tu as poursuivi les malfaiteurs, alors que tu savais très bien qu'il ne faut surtout pas les poursuivre.

STEVE. On a des nouvelles du cambrioleur ?

ANNIE. Il est à l'hôpital ! il devrait s'en sortir.

STEVE. Où est Claire ?

ANNIE. À l'hôpital aussi ! Elle était vraiment choquée. Les médecins ont préféré la garder… Elle devrait sortir aujourd'hui.

(La porte s'ouvre et Claire entre en larmes).

STEVE. Mais Claire que… Mais vous n'êtes pas à l'hôpital ? … je…

CLAIRE. Pardon ! Pardon ! J'ai tué un homme… je ne voulais pas… le coup de feu est parti seul… j'ai dû paniquer. Il me tirait dessus… j'aurais dû le laisser me tuer…

ANNIE. Vous laissez tuer ? Ça ne va bien, vous ?

Claude Cognard.

Steve la prend dans ses bras.

STEVE. D'abord, il n'est pas mort...

CLAIRE. Oui, mais il va mourir !

STEVE. Non, il ne mourra pas ! bon ! est-ce qu'il y a quelqu'un chez vous ?

CLAIRE. *(Dans un sanglot, souffle).* Je l'ignore.

STEVE. Annie, tu fermes la boutique... tu fais sortir les clients !

ANNIE. La sécurité a dit... que l'on pouvait ...

STEVE. Je me fiche de la sécurité ! je me fiche du chiffre, je me fiche de tout ! tu demandes à quelqu'un de raccompagner Claire chez elle. Qu'elles prennent un taxi... Quant à vous Claire, vous avez fait ce que vous avez cru bon de faire. Vous allez rentrer chez vous et vous mettre en accident du travail... n'est-ce pas ? et je veux de vos nouvelles, matin, midi et soir ! Annie, tu demandes à tout le monde de rentrer chez eux ! les journées seront payées... tu as compris, Annie, tu fermes la boutique ! simple.

(Il embrasse Claire sur le front. Elles sortent – téléphone.)

STEVE. *(Très sec).* Oui ! François? Elle ? en prison ? ça suffit, Monsieur le Président ! Je n'ai vraiment pas le temps. Je suis en train de fermer la boutique. Le chiffre ? quoi le chiffre ? eh bien je m'en moque... virez-moi ! N'hésitez pas ! Écoutez François, si vous pensez que c'est elle, alors portez plainte, mais je ne vous suivrai pas sur... sur ce ... je ne vous suivrai pas sur ce terrain ! une vendeuse d'expérience n'aurait rien fait de mieux. Quoi il est mort ? eh bien l'information va plus vite chez vous que

30

chez moi. Croyez ce que vous voulez ! les malfaiteurs n'ont pas eu le temps de prendre quoi que ce soit ! Vous me demandez de déclarer un vol qui n'existe pas... rêvez !

(Il raccroche, se lève va se servir un café, revient ouvre son tiroir sans s'asseoir, il en sort son arme, place une balle dans le barillet qu'il fait tourner et appuie sur la détente une première fois. Aline entre... lui arrache l'arme des mains.)

STEVE. Laissez-moi, je préfère mourir !

ALINE. Soyez patient ! ça vous arrivera bien un jour !

STEVE. Je suis responsable... de ... *(il bafouille)*... de cette merde généralisée !

ALINE. On est tous responsable de quelque chose ou de quelqu'un...

STEVE. *(Il souffle en faisant vibrer ses lèvres, hausse les épaules, agite la tête).* Je devine ce que vous allez me dire !

ALINE. Vous lisez dans mes pensées, maintenant ?

STEVE. Quel âge avait-il ?

ALINE. Peu importe l'âge, Claire s'est opposée à un cambrioleur, un malfaiteur, pas à son âge.

STEVE. pourquoi volait-il ? Il avait besoin de manger probablement.

ALINE. Ou bien, c'était un flambeur... la mort, vous ne savez pas ce que c'est.

STEVE. *(La tête entre les mains).* Vous le savez, vous ?

ALINE. Peut-être… en tout cas, je sais ce que cela signifie « tuer un homme ».

STEVE. Oui, cela indique que l'on porte un coup à quelqu'un avec une arme ou un outil et que l'homme meurt…

ALINE. J'ai tué un homme, moi… avec ces mains-là… j'ai fait de la prison, moi !

STEVE. Vous n'êtes pas sérieuse !

ALINE. J'ai commis le meurtre le plus odieux qui soit.

STEVE. Meurtre ? arrêtez ! vous ? …

ALINE. J'ai tué mon père…

STEVE. Votre père ? Non !

ALINE. Mon père et le voisin avaient trop bu, ils m'ont violée, j'avais 17 ans… ma mère n'a rien fait pour me défendre, alors un jour, alors qu'il dormait, j'ai tué mon père.

STEVE. Oui, enfin… je…

ALINE. Ne cherchez pas d'explication… l'explication, c'est que nous naissons hommes ou femmes et que l'homme profite de sa force pour prendre du plaisir avec la femme, sans se poser la question de respecter ce qu'elle représente. Alors Claire, je la comprends… Elle a tiré, elle était en danger. Elle a bien fait !

STEVE. Ce n'est pas comparable.

ALINE. Vous avez raison, ce n'est pas comparable, parce que moi, je l'ai tué alors qu'il ne m'avait pris **que** ma virginité, **que** ma féminité, et probablement **que** ma santé mental.

STEVE. Je suis dégoûté de tout ! J'ai... profité de mon poste pour...

ALINE. Baiser des vendeuses... Oui, mais baiser n'est pas violer...

STEVE. Non, bien sûr !

ALINE. Ne chercheriez-vous à démontrer que vous avez été aussi victime que je le suis ? la vie n'est pas le concours du plus grand souffre-douleur.

STEVE. Laissez-moi !

ALINE. Non ! pas question ! il y a des crétins qui en jouant à « je veux me tuer » y parviennent *! (elle s'empare de l'arme et la fait disparaître dans une de ses poches).*

STEVE. Tu es restée longtemps en prison ?

ALINE. Je suis resté à l'hôpital, mais je te rassure, je n'ai pas perdu mon temps et c'était loin de l'ambiance « Vol au dessus d'un nid de coucous ! »

STEVE. L'hôpital ?

ALINE. On ne reste pas dans un hôpital psychiatrique par hasard. J'avais encore beaucoup de comptes à régler... et comme je ne pouvais pas tuer ma mère... alors, voilà, j'ai accepté de me faire aider.

STEVE. Ta mère t'a violée ?

ALINE. À sa façon !

Claude Cognard.

STEVE. C'est-à-dire ?

ALINE. Le violeur te pénètre physiquement, intimement... ma mère, cognait ma peau, elle torturait mon âme... le souvenir le plus violent que je garde, c'est le jour où parce que j'avais accidentellement détricoté trois mailles d'un pull, elle m'avait fait mettre à genoux et m'avait frappée, frappée et frappée encore sans logique, me faisant répéter « excuse-moi Maman ! »

STEVE. Elle était malade ! Tes parents étaient pervers !

ALINE. Leur violence m'a rendu sensible aux sciences humaines... j'ai étudié la psychologie et obtenu un doctorat.

STEVE. Tu ne me l'as pas dit au moment de l'embauche !

ALINE. Je ne trouve déjà aucun travail ! Alors, sachant ça, ne prétends pas que tu m'aurais embauchée...

STEVE. Tu as raison.

ALINE. La violence, trop de violence sur l'enfant, le pousse à se replier tout au fond de son âme et à ne saisir le monde que de très loin... les coups que tu reçois, te prouvent combien tu es exposée, te prouvent que tu n'as pas d'armure, pas de carapace...tu es en danger ! j'ai appris à ne plus m'exprimer... J'avais faim du silence, j'étais invisible... ce corps que tu vois... *(elle arrache quelques habits)* longtemps j'ai eu le besoin de le montrer, non pour le plaisir de choquer, mais pour le plaisir de voir l'autre réagir et ainsi me prouver que j'étais réelle, que j'étais en vie.

STEVE. En vie ?

ALINE. Digne d'amour ! Les femmes qui jouent avec leur corps sont des êtres à aimer... des femmes qui veulent communiquer et qui ne savent pas comment s'y prendre.

STEVE. Tu devrais écrire des livres !

ALINE. Oui, je devrais, mais je n'écris pas, je contemple ce qui m'entoure, parce que je suis transparente et parfois, je croise une personne comme toi, alors mon âme dialogue avec la sienne sans qu'il le sache...

(Elle enlève quelques habits supplémentaires).

STEVE. Merci ! Arrête ne dévoile pas ton corps ! je ne suis pas disponible pour ce genre de spectacle, même si cela te plaît, si cela t'apaise, si cela te rassure... J'ai trop de problèmes pour être sûr de réagir dans ton intérêt.

ALINE. Dans mon intérêt ! Qu'est-ce que tu connais de mon intérêt ?

STEVE. J'ignore si je te ressemble, je ne sais pas si je vois à travers toi, comme tu vois à travers moi. Toutefois, j'ai besoin de ta présence, de savoir que tu vis, que tu t'exprimes, que tu es femme...

ALINE. *(Elle s'éloigne vers la porte).* Je ... tu as raison.

STEVE. Il y a toujours cet idéal de la femme dont nous voudrions être épris et il y a la réalité dont nous tombons amoureux. Quand je t'aperçois, ce que j'éprouve est tellement fort, que le reste me semble superflu. J'en oublie ma femme et mes enfants ! Qu'est-ce que je connais de toi pour que mon âme décide de t'aimer plus que tout ! Rien ou si peu... tu m'as parlé de Cendrillon ! Alors, Princesse qui surgit après minuit, au moment le plus sombre... dans quelle obscurité évolues-tu ? la mienne ? celle de mon

35

âme ? me dois-je d'aller tremper dans l'espace le plus occulte de mes désirs pour que naisse celle que je perçois comme la plus ...

ALINE. Humm ! la plus quoi ?

STEVE. ... la plus « moi » !

ALINE. Moi ? arrête !

STEVE. Si alors que tu te tiens là, en être de chair, je ne perçois qu'un être virtuel, alors c'est que je ne perçois qu'une partie de ce que je connais, donc, une partie de moi-même... je jurerais être amoureux d'une image, d'une diapositive d'une partie de moi, comme si j'étais un projectionniste amoureux du film qu'il passe, comme si tu étais cette projection, ma projection, une partie de mon âme, de mon esprit de ma folie... mais je ne suis que moi-même et je ne peux être amoureux d'un film, d'un miroir...

ALINE. Sans miroir, le sujet continue-t-il d'exister ? Sans sujet pour se mirer, le miroir existe-t-il ? Tout être humain est un miroir des autres humains.

STEVE.   Je ne peux être amoureux de ma perfection idéalisée et dont je te veux le reflet.

ALINE. Il faut que j'applaudisse ? tais-toi, tu fais fausse route ! si je te laisse faire, très vite tu me diras que je n'existe pas ... Tu mesures combien ton esprit réagit au mien. Non seulement j'étais invisible, là si je te suis, je n'existe que pour te renvoyer une partie de toi-même.

STEVE. J'ai toujours depuis ma tendre enfance essayé de comprendre cette phrase de mon père qui prétendait que tout autour de moi était Atomes et que la table devant

La vendeuse nue.

laquelle nous étions lui et moi, était « du vide ». Le vide ?

Scène.

Quelques jours plus tard. Steve assis sur le meuble de la machine à café…

ANNIE. *(Qui entre en brandissant le journal)*. Ils ont blanchi Claire, la légitime défense est avérée…

STEVE. *(Qui saute sur ses pieds)*. Tant mieux !

ANNIE. Sais-tu à quoi j'ai pensé ?

STEVE. *(Il regagne son fauteuil derrière le bureau)*. Non !

ANNIE. *(Elle lui tourne le dos pour un nouveau café)*. J'en bois trop ! mon médecin m'a conseillé de freiner ma consommation…

STEVE. Intéressant !

ANNIE. Non ! *(elle rit et revient à son idée)*. Oui, je me disais : Organisons une fête pour Claire !

STEVE. Elle ne viendra jamais ! c'est trop tôt !

ANNIE. Peut-être une façon de lui montrer qu'elle est importante pour nous.

STEVE. Elle n'en a jamais douté…

ANNIE. On peut le lui proposer, non ? Elle est très combative… Je crois que ce serait bien pour son moral…

STEVE. Tuer un homme, même en légitime défense.

Difficile à digérer, hein ?

(On frappe et Annie sort).)

STEVE. Laisse tomber !

ANNIE. *(Qui revient).* C'était le facteur ! J'ai signé et tamponné. *(Elle tend le courrier à Steve).* Une lettre recommandée… pour TOI !

STEVE. *(Il la prend).* Merci ! *(Il la met de côté, puis à Annie qui le suit du regard).* Je devine de quoi, il s'agit ! pas d'urgence !

ANNIE. Si on décide de cette fête, on peut l'organiser ici, un soir dans la boutique fermée.

STEVE. Une fête ! Bonne idée ! on pourrait inviter Claire, ça lui…

ANNIE. STEVE. *(Ensemble)* …ferait du bien !

Scène.

(Musique… Steve a fait un effort sur sa tenue. Claire entre dans le bureau, très élégante elle aussi. il est presque minuit.)

CLAIRE. Merci ! ça me touche … cette fête en mon honneur. Je voulais vous prévenir que… *(brusquement émue).*

STEVE. Oui ? *(ravi).* Il y a du monde…

CLAIRE. Je vais chercher un autre travail. Moi, la

bijouterie, c'est fini.

(Steve se lève et ils s'avancent l'un vers l'autre sans un mot, il la prend dans ses bras, et ils restent ainsi.)

ANNIE.   *(En entrant).* Eh bien, tous les deux, on ne s'en fait pas *! (Rire bête).* Je cherche Aline, personne ne l'a vue.

Steve et Claire se séparent.

STEVE.   En tout cas, elle n'est pas là.

ANNIE.   *(Qui remarque la lettre recommandée dans un plateau en plastique).* Je n'ai pas de conseil à te... donner, mais une lettre recommandée, il vaut mieux éviter de trainer pour la lire...

STEVE.   Je sais !

ANNIE.   *(Qui entrouvre la porte).* Tu viens Steve ! fais danser tes vendeuses.

STEVE.   J'arrive... *(le téléphone sonne).* Allo, oui ! Commandant Dupoirier ? Vous avez placé Aline Dafaro en garde à vue. Vous n'êtes pas sérieux ? Un rapport possible avec ... qui...qui... comment... attendez ... co... comment. Impossible... Ma direction générale ? Non, mais depuis quand arrête-t-on quelqu'un sur ... Elle avait... laissez-moi, parler, oui ou merde ! Elle avait été violée... ce...est-ce que je peux parler... ? il n'y a aucun lien entre ma vendeuse et ces malfaiteurs... Je vous préviens, si elle ne sort pas, je... comme vous voulez *! (il raccroche).*

(Entrée d'Annie).

ANNIE.   Que se passe-t-il ?

STEVE. Rien ! Je... Mince ! Je... va faire la fête !

ANNIE. C'est Aline qui...

STEVE. Les flics l'ont mise en garde à vue !

ANNIE. Eh bien, moi ça ne m'étonne pas ! je savais bien que cette fille nous cachait quelque chose.

STEVE. Tu ne savais rien du tout ! laisse-moi seul !...

(Il pose son front sur le bureau – la musique est de plus en plus forte. Le tonnerre gronde, un flash traverse le bureau. Il sursaute).

STEVE. Aline !

(univers surréaliste - La porte s'ouvre, la musique devient plus forte encore. Il regarde sa montre – une pendule indique minuit- Aline avance, elle est rayonnante, elle porte un diadème dans les cheveux, des colliers, des bracelets, des bagues, elle est nue – le téléphone sonne.).

STEVE. Oui ? le commissariat ? Quoi ? J'ai mal... vous pouvez répéter... *(il se lève, il hurle).* Mais merde, enfin, vous savez bien qu'il y a des crétins qui en jouant à « je veux me tuer » y parviennent *!*

(Il sanglote – les vendeuses entrent et se mettent autour de lui).

STEVE. Aline se serait suicidée !

Scène.

Steve est dans son bureau. On entend un oiseau qui chante quelque part. Il reste des traces de la fête. Autour de lui, c'est le silence. Il prend la lettre recommandée, la lit, la froisse la jette dans la corbeille. Claire entre.

ANNIE.   Ça va ?

Steve reste silencieux. Elle s'approche de lui, veut se mettre sur ses genoux, mais il la repousse sans un mot.

ANNIE.   Tu as lu la lettre ?

STEVE.   *(Il souffle).* Oui, la direction générale me nomme directeur de région…

ANNIE.   *(Elle fléchit les genoux pour être à sa hauteur).* C'est une bonne nouvelle, non ?

STEVE.   La nouvelle, c'est que je suis un crétin de première … et que pour des motivations occultes, j'ai créé une situation insupportable pour tout le monde et qu'à cause de moi… Aline …

(Il se met à pleurnicher, elle se rapproche et elle le cajole, lui caresse les cheveux.).

ANNIE.   Tu n'y es pour rien !

STEVE.   Je vais démissionner…

ANNIE.   Ce serait dommage !

STEVE.   Ma femme vient de me quitter avec les enfants et tu trouves ça normal que je ne préoccupe que d'Aline.

ANNIE.   Quand on a la chance de reconnaître l'amour, alors, tout le reste est sans importance.

STEVE.   Ma femme ?

ANNIE. Sans importance pour l'instant !

Claude Cognard.

STEVE. Mes enfants ?

ANNIE. Non prioritaires pour l'instant !

STEVE. Tiens ! Regarde… qu'est-ce qu'il y a là… qui brille sur le sol.

Claire se précipite, et ramasse l'objet.

ANNIE. Une b.o (bé-O)[2]… C'est Aline qui a dû la perdre. *(Elle la lui tend).*

Steve la prend délicatement, et alors qu'il pleure en silence, il frotte avec les doigts en pinces, la surface de la matière.

STEVE. Il méritait des diamants et elle portait du toc.

ANNIE. Oublie ! Elle s'en sortira, crois-moi !

STEVE. Tiens ! si tu la vois, tu la lui donneras ?

ANNIE.   Non, c'est à toi de le faire… Va lui rendre visite.

STEVE. Une dernière fois ?

ANNIE.   Ce genre d'histoire ne peut pas s'arrêter.

STEVE. Pourquoi vit-on ? Juste pour… ?

ANNIE.   Stop ! Arrête ! ne t'écoute pas, écoute les autres, et tu vivras…

Scène.

---

[2] Boucle d'oreille

Annie organise des papiers... près de la machine à café.

STEVE. Allo ! François ! Non, je n'ai pas réfléchi. Je n'accepte pas la proposition royale que vous m'avez faite. Si ! absolument, c'est très généreux ! Non, je ne reste pas non plus, je vais vous adresser ma démission... désolé, j'étais mort ! lorsque nous nous limitons à faire les mêmes gestes, les mêmes actions, à répondre aux mêmes stimulations, aux mêmes questions, c'est que nous sommes morts. J'ai décidé de vivre... Je vous envoie ... vous m'avez compris... revenir un jour ? Allez savoir ! (il raccroche).

ANNIE. Non, mais, tu aurais pu m'en parler avant ... en ce moment, tu fais n'importe quoi.

STEVE. *(Il se lève, il la prend dans ses bras, puis il la regarde comme s'ils allaient entamer un pas de danse.)* au contraire, je fais pour la première de mon existence, exactement ce que j'ai envie de faire.

ANNIE. *(Elle efface ses larmes).*

STEVE. Tu seras la nouvelle directrice.

ANNIE. J'ai l'impression de divorcer... alors que je suis vieille fille.

STEVE. Eh bien ! Alors que je divorce, j'ai l'impression d'être libre. Orientons la vie comme nous le souhaiterions, nous ne sommes pas responsables de ce qui se produit autour de nous, mais de ce que nous éprouvons...

ANNIE. *(Elle s'est assise et sanglote).* Malheureusement, je ne suis pas de cet avis. Quand j'aime, je ne me contrôle pas.

STEVE. Annie, ne me dis pas que tu es amoureuse de moi ! ce serait un trop grand honneur.

ANNIE. Si je te le dis, je t'ai toujours aimé, toujours désirée, toujours... mais, pour toi, j'étais transparente... J'ai à peine 40 ans et je me sens vieille, si vieille.

STEVE. Belle ! intelligente... et jeune !

(Elle s'approche de lui, mais il l'esquive).

STEVE. Il y a des milliers d'hommes qui rêvent d'une femme comme toi.

ANNIE. Des milliers ? Alors que je n'en voulais qu'un seul.

STEVE. Pas disponible ?

ANNIE. Disons ça ! au fait, j'ai eu une infirmière de l'hôpital ! Ils sont très inquiets, Aline n'a pas repris connaissance. Qu'est-ce qu'elle était bien cette fille !

STEVE. Je te l'ai toujours dit !

ANNIE. C'est vrai qu'elle était exceptionnelle.

STEVE. Que peut-on faire ? Rien !

ANNIE. Elle n'est pas encore morte !

STEVE. La mort n'existe pas, nous sommes des atomes agglomérés qui s'organisent pour prendre les formes que nous sommes, et accueillir nos esprits...

ANNIE. Mon pauvre ! C'est trop simple. (Rire).

(Téléphone. Annie décroche).

ANNIE. Oui, bijouterie Yves ! Pardon ? Nous arrivons...

La vendeuse nue.

Annie se retourne et les observe sans un mot.

Scène.

(Annie, Claire très élégantes, elles sont dans le bureau de Steve).

ANNIE. Un voyage ?

CLAIRE. J'aurais voulu être à sa place !

CLAIRE. Oui, moi aussi !

CLAIRE. Un voyage comme ça, j'aimerais… *(elle agite sans terminer sa phrase).*

CLAIRE. C'est un beau voyage…

ANNIE. Même pas divorcé, hein ?

CLAIRE. Le mariage le pacse… arrêtons avec ces garde-fous destinés à nous empêcher d'être libres !

ANNIE. Eh bien, dis donc, Claire, c'est nouveau de ta part…

(Bruit).

CLAIRE. Les voilà !

ANNIE. Il a quand même bien fait de revenir sur sa démission, hein ?

CLAIRE. Ah oui ! Un patron comme lui, c'est rare ! Les élus pouvaient l'enquiquiner comme et autant qu'ils le voulaient…

(Bruit).

ANNIE. Oui, cette fois-ci c'est bien eux !

Claire se met à trépigner, les autres la suivent en faisant de même. La porte s'ouvre… Elles applaudissent.

Steve et Aline avancent au centre de la pièce et s'embrassent longuement.

RIDEAU.

www.ingramcontent.com/pod-product-compliance
Lightning Source LLC
Chambersburg PA
CBHW040816200526

45159CB00024B/2996